Tim Bärsch

Schlag doch zu, Hurensohn

Ist die Jugend wirklich dick, dumm und gewalttätig?

Praxisratgeber und Arbeitsbuch für junge Menschen zu den Themen Deeskalation, Zivilcourage, Gewaltprävention und Körperverletzung

Schlag doch zu, Hurensohn
Praxisratgeber und Arbeitsbuch für junge Menschen zu den Themen
Deeskalation, Zivilcourage, Gewaltprävention und Körperverletzung

Copyright © 2013 / Neuauflage 2022: Tim Bärsch
Grafiken: © TB (Tim Bärsch)
Coverfotos: © Monkey Business, Laurent Hamels, Alexander
Trinitatov, unitypix, starkmacher, maho, DOC RABE Media,
Joachim B. Albers, CURAphotography (alle von fotolia.com)
Covergestaltung: G. Zimmermann (www.guidozimmermann.com)

Danke für die Unterstützung: Sibylle Bärsch, Dr. Christian Lüdke,
Frank Müller, Marian Rohde, André Karkalis, Vera Lemke, Marina
Deising, Petra Lachnicht, Beate Götzen, Rosa Gräwe, Frank Langer,
Beatrix Bärsch & Nina Bartholomé

Bibliografische Information der Deutschen Nationalbibliothek
Die Deutsche Nationalbibliothek verzeichnet diese Publikation in der
Deutschen Nationalbibliografie; detaillierte bibliografische Daten
sind im Internet unter http://dnb.d-nb.de abrufbar.

Herstellung und Verlag: BoD – Books on Demand, Norderstedt
ISBN: 978-3-7322-8232-6

BaER® Akademie Essen
Internet: http://www.baer-sch.de
Email: kontakt@baer-sch.de

Inhaltsverzeichnis

Vor (her) denken

„**Gewalt ist keine Lösung!**" Trotzdem gibt es so viele Schlägereien und Kriege. Im Fernsehen laufen unzählige Action-Krimis und der Buchladen ist voll mit blutigen Thrillern. Auch die guten PC-Spiele sind oft gewalttätig. Aus Comics oder dem Fernsehen kenne ich kaum gewaltlose Hauptfiguren.

„**Lauf besser weg!**" ist doch die Lösung.
Doch wie verhalten sich die Vorbilder aus der Kindheit? Ist Mickey Maus vor Kater Karlo geflohen? Ist Wonder Woman weggelaufen, wenn die Nazis kamen? Haben sich Luke und Lea versteckt, als Darth Vader kam? Nein, natürlich nicht! Diese Superwesen laufen nicht weg. Sie weichen nicht zurück. Sie wechseln nicht die Straßenseite, nur weil ihnen aggressive Menschen entgegen kommen. Gibt es TV- oder Comic-Stars, die ohne Gewalt die Welt retten? Mir fällt spontan keiner ein. Nur Sheldon Cooper aus Big Bang Theory läuft vor Gewalt weg – aber ist er wirklich ein Held, dem wir nacheifern?

Mit diesem Buch möchte ich trotzdem zeigen, dass **Gewalt nicht immer** die **beste Lösung** ist. Ich habe Gewalt in verschiedenen Bereichen kennengelernt (jugendlicher Körperverletzer, „Fußball-Fan", Türsteher, Kampfsport- und Anti-Gewalt-Trainer). Meine Erfahrungen möchte ich in diesem Buch kurz und knapp weitergeben. Ich hoffe, dass dir dadurch vielleicht einige der Fehler erspart bleiben, die ich begangen habe. Dabei ist es wichtig, dass nicht nur zu sagen. Ich versuche als **Vor-bild** so gewaltarm wie möglich durch das Leben zu kommen. Es gelingt mir leider nicht immer.

Die **Bilder** sind sinnvoll, aber auch nicht immer ganz ernst gemeint. Das Buch wurde **geschlechtsneutral** geschrieben, auch wenn körperliche Gewalt statistisch gesehen eher bei jungen Männern vorkommt. Deshalb aber der Buchtitel mit „Hurensohn" und das Kapitel 1.3.

4

1. Infos zur Gewalt

Eigentlich weiß doch jeder Mensch, was Gewalt ist. Die Ansichten sind aber oft ein wenig oder völlig anders. Gewalt kommt auf jeden Fall in vielen Bereichen vor: im Krieg, bei einer Straßenschlacht, bei einer Schulhofprügelei, beim Mobbing oder bei einer Beleidigung.

Die einfachste Beschreibung ist: **„Gewalt tut weh!"**

Du kannst Menschen auf drei Arten verletzen: mit Taten (Prügel), mit Worten (Beleidigung) und mit deinem Verhalten (Ausgrenzen, Auslachen). Dabei ist es egal, ob du jemanden schlägst oder ausgrenzt. Es gibt Untersuchungen, dass Beleidigungen und Ausgrenzungen genauso schmerzen wie Schläge und Tritte.

Gewalt in der Natur
Die Natur ist sehr gewalttätig.
- Orca-Wale werfen sich Robben zu, bevor sie sie töten.
- Katzen spielen mit Mäusen, bevor sie diese ermorden.
- Löwenchefs beißen die Kinder ihres Vorgängers tot.
- Krokodile fressen ihre eigenen Kinder, wenn die nicht schnell genug weg sind.
- Alligatoren ziehen ihre Opfer unter Wasser bis diese langsam ertrinken.

Die gute Verwandtschaft
Auch unsere nahen Verwandten, die Schimpansen, sind nicht viel anders als wir Menschen. Sie haben eine strenge Rangordnung, schlagen, treten, töten, mobben, setzen Waffen ein und vernichten sogar andere Gruppen durch Kriege.

Also gehört Gewalt irgendwie zur Natur!

Eine Sechs, eine Neun oder eine Schnecke? Wer hat nun Recht und kennt die Wahrheit?

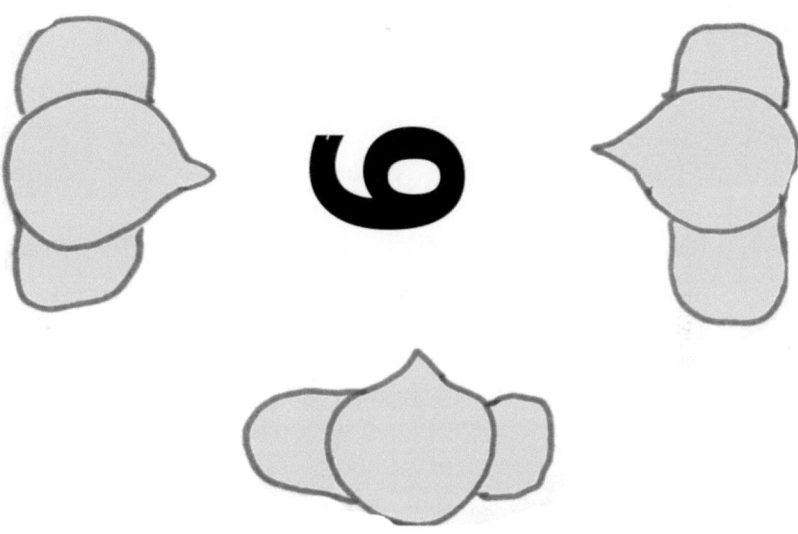

**Es kommt mal wieder auf den Blickwinkel an.
Lies das unten stehende Wort.
Drehe dann mal das Buch um.
Was liest du nun?**

1.1. Menschen und Gewalt

Gewalt gab es schon immer. Es gab schon immer Schlägereien, Folterungen, Hinrichtungen und Kriege.

Kriege

Es werden immer wieder neue Kriege angefangen. Es geht dabei immer um Geld und Macht. Andere religiöse oder politische Meinungen sind da oft nur vorgeschoben. Es gab bisher um die 14.500 Kriege. Dabei wurden rund 3,5 Milliarden Menschen getötet.

Gewaltverbrechen

Durch Hunger sterben die meisten Menschen auf der Welt. Es verhungern über 9 Millionen Menschen im Jahr. Auch dies ist eine Art von Gewalt. Wir schmeißen Essen weg und andere verhungern. Gewaltverbrechen gehören aber auch zu den häufigsten Todesursachen. 500.000 Menschen sterben im Jahr durch Gewaltverbrechen.

Gewalt in Deutschland

In gesamt Deutschland gibt um die 700 Morde im Jahr - 2021 waren es 643. In 95% der Fälle werden die Killer gefasst und in über 70% waren es Verwandte oder gute Bekannte. Vor rund 25 Jahren waren es noch über 1.000 Morde. Es gibt mit jedem Jahrzehnt weniger Morde in Deutschland. Die USA hat weit über 20.000 Morde pro Jahr (Tendenz steigend) und die Stadt Tijuana in Mexiko hat alleine fast 2.000.

140.000 gefährliche und schwere Körperverletzungen werden bei uns pro Jahr angezeigt. Von 1960 bis 2007 gab es von Jahr zu Jahr mehr Anzeigen. Doch seit 2007 gibt es immer weniger Anzeigen im Jahr. Auch gibt es immer weniger Schulhofprügeleien und weniger schwere Verletzungen. Wir sind also auf einem guten Weg.

Oder???

So eine verhunzte Jugend!
Hätten wir noch etwas zu sagen,
wäre es nicht so schlimm geworden.

1.2. Jung und gewalttätig

Die Jugend hat einen schlechten Ruf. Junge Menschen begehen aber auch mehr Straftaten als Erwachsene. Das war aber schon immer so. Besonders bei Prügeleien sind die meisten Verurteilten zwischen 14 und 25 Jahre alt.

Warum werden die meisten Prügeleien in der Jugend begangen?
Im Gehirn gibt es den vorderen Stirnlappen. Hier sitzt unser „Verstand". Wenn der Gehirnteil funktioniert, beschimpfen wir unsere Klassenlehrerin <u>nicht</u> als „A...loch", obwohl sie es verdient hätte. Wir schlagen sie auch <u>nicht</u>.

In der Jugend kommen wir in die Pubertät und der Körper verändert sich, auch das Gehirn. Die Gehirnverbindungen reißen ab und werden wieder aufgebaut. Deshalb geraten viele Jugendliche „außer Kontrolle" - manche wenig, andere mehr. Viele Verhaltensweisen in der Jugend sind durch diesen „Hirnschaden" zu erklären, *auch mein eigenes Verhalten als Jugendlicher*. Zwischen 20 und 25 Jahren ist die Baustelle Gehirn fertig. Da setzt dann wieder der „Verstand" ein.

Deshalb war die Jugend schon immer das schwierigste Alter. Seit Menschen schreiben können, berichten sie von der "schlimmen" Jugend. Berühmte Menschen wie Platon, Aristoteles, Sokrates, Hesiod und Shakespeare schrieben etwas über das Thema. Auch in der Bibel und im Koran stehen Zeilen über „schlimme" Jugendliche. Hier ein Beispiel von der babylonischen Tontafel, die über 3.000 Jahre alt ist.

> *„Die heutige Jugend ist von Grund auf verdorben. Sie ist böse, gottlos und faul. Sie wird niemals so sein wie die Jugend vorher, und es wird ihr niemals gelingen, unsere Kultur zu erhalten."*

Das fehlende Bindeglied in der Evolutionstheorie zwischen dem Neanderthaler und dem Menschen:

Der Jugendliche

1.3. Männer sind Schweine

Männer und Gewalt

Männer begehen mehr Straftaten als Frauen. 9 von 10 Gewalttaten werden von Männern ausgeübt. Trotzdem gibt es auch gewalttätige Frauen und weibliche Gangs. Und davon gibt es von Jahr zu Jahr mehr.

Männer-Hormon

Männer sind meist größer, stärker und schneller als Frauen. In der Schule sind Jungen aggressiver und prügeln sich öfter. Das liegt neben der Erziehung auch am Männer-Hormon Testosteron. Jungs haben mehr Testosteron im Blut als Mädchen. Es sorgt für den Bartwuchs und macht aggressiver. Spritzt man weiblichen Tieren Testosteron werden diese ebenfalls aggressiver.

Schule

Jungs wollen meist cool erscheinen. Das liegt oft auch an den Film- und Comic-Vorbildern. Lernen passt da nicht zum „Cool-sein". Deshalb haben sie auch meist schlechtere Noten als Mädchen. Also prügeln sich Jungs mehr und haben schlechtere Noten.
Deshalb sind auf Förderschulen nur wenige Mädchen. Mädchen machen viel öfter Abitur und den Realschulabschluss als Jungen. Und die Noten von Mädchen sind besser.

Essen und Bewegung

Die Ernährung wird schlechter. Wir essen viele Hamburger und Fertiggerichte. Da junge Männer auch viel vor dem Fernseher und vor Spielkonsolen hängen, werden sie auch dicker. Außerdem wird das Gehirn nicht so angeregt und sie sind unausgeglichener. *Manchmal sind Männer wohl doch dick, doof und gewalttätig (PS. Diese Worte sind von einem Mann geschrieben worden, der weiß, wovon er schreibt ;-)).*

2. Gründe für Gewalt

Kleinigkeiten
Die meisten Prügeleien entstehen durch Kleinigkeiten. Es reicht ein zu langer Blick in die falsche Richtung oder ein blöder Anrempler.

Dummer Spruch
Zur Prügelei gehören auch die dummen Sprüche. Eine Person sagt etwas und die andere Person reagiert. Meist fällt irgendwann die Bemerkung „Hurensohn / -tochter" und die Prügelei geht los (siehe Kapitel 5.4 auf Seite 56).

„Ich mag dich nicht!"
Manche Menschen mögen wir einfach nicht. Teilweise müssen die nicht mal etwas Schlimmes tun. Wir mögen einfach deren Nase nicht und das reicht. Das ist völlig normal. Es darf aber nicht dazu führen, dass wir Gewalt anwenden.

Unsicherheit
Meist ist Gewalt ein Zeichen von Unsicherheit. Gewalttätige Menschen sind schnell verunsichert, wenn andere lachen. Sie denken direkt, die anderen lachen über sie und wollen das dann mit Gewalt klären. Wenn Menschen etwas Blödes tun, bin ich dazu übergegangen, zu denken, dass sie sich aus Dummheit oder aus Versehen so verhalten. Seitdem ich den anderen keinen bösen Willen unterstelle, komme ich viel besser mit ihnen zurecht. Ich habe auch weniger Wut. Wenn etwas schief läuft, überlege ich hinterher, wie es hätte besser laufen können. Dadurch werde ich mir selbst besser bewusst und sicherer im Umgang mit anderen Menschen.

Je selbst-sicherer wir sind,
desto weniger müssen wir uns prügeln!

2.1. Das Tier in uns

Stress
Bei Gewalt empfinden wir Stress. In weniger als einer Sekunde sind unsere Arme und Beine gut durchblutet. Durch das Hormon Adrenalin sind wir stärker und schneller. Dadurch können wir besser kämpfen oder fliehen. Wir fühlen uns auch stärker.

Gehirn
Unser Krokodilgehirn (siehe Bild rechts) ist bei Stress am besten durchblutet und wir denken wie ein Krokodil. Wir denken an Flucht oder Angriff. Schwierige Aufgaben können wir dann nicht lösen und reden fällt uns schwer. Dazu brauchen wir das Denkgehirn.

Früher
Im Krokodilmodus kann der Mensch bei Gefahr besser vor einem Wildschwein weglaufen oder kämpfen. Vor 10.000 Jahren war das oft überlebenswichtig.

Heute
Heute haben wir Stress bei Klassenarbeiten, Prüfungen oder wenn uns die Bosse anschnauzen Da können wir dann selten fliehen oder kämpfen. Trotzdem meldet sich da das Krokodil.

Krank durch Stress
Bei Stress möchte sich unser Körper bewegen. Wenn wir dies nicht tun, werden wir mit der Zeit krank. Viele Herz-, Magen- und Rückenkrankheiten kommen durch Stress.

Stress entkommen
Bei Stress „cool" und gelassen zu bleiben ist in der Gewaltsituation und für die Gesundheit wichtig. Dies schaffst du durch Stressbewältigung (siehe Kapitel 5.2. auf Seite 50).

Das menschliche Gehirn

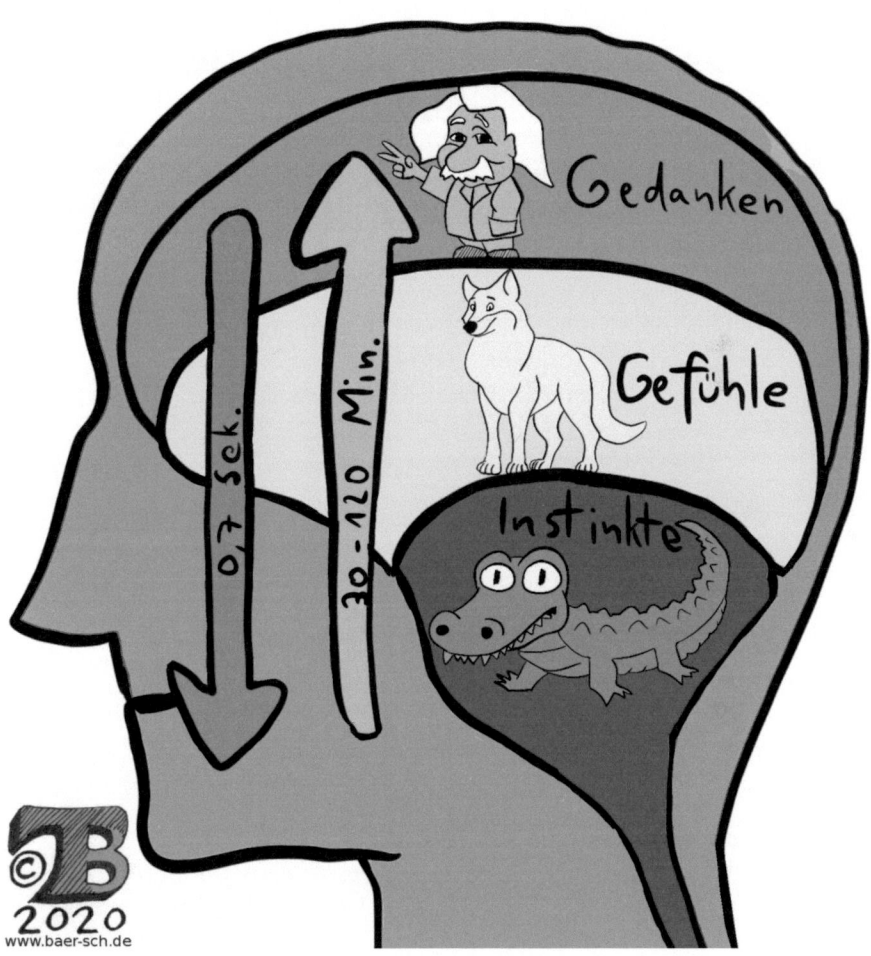

Bei Stress ist das Krokodilgehirn besser durchblutet als die anderen Gehirnteile. Der Mensch denkt an Flucht oder Angriff.

2.2. Familie

Kinder verhalten sich oft wie ihre Eltern. Kinder lernen durch Nachmachen. Albert Bandura nennt das „Lernen am Modell". Die Eltern sind das Modell und die Kinder machen es nach. Kinder tun <u>nicht</u> das, was Eltern ihnen sagen. Sie tun das, was Eltern ihnen vormachen. Rauchende Eltern haben oft rauchende Kinder. Süchtige Eltern haben oft süchtige Kinder. Aggressive Eltern haben oft aggressive Kinder.

Plakat von 2009:
„Wer Schläge einsteckt, wird Schläge austeilen."

Michael Heilemann:
„Schläger sind Menschen, die in ihrer Kindheit und Jugend Zurückweisungen, Demütigungen und Kränkungen erfahren haben."

Astrid Lindgren
„Man kann in Kinder nichts hineinprügeln, aber vieles herausstreicheln."

Peter Struck:
„Niemand übt Gewalt aus, der nicht vorher schon selbst Opfer von Gewalt war, und sei es psychische Gewalt."

Maria Montesorri:
„Die Aufgabe der Umgebung ist es nicht, das Kind zu formen, sondern ihm zu erlauben, sich zu offenbaren."

2.3. Vorurteile

Früher
Vor 10.000 Jahren waren Vorurteile sinnvoll. Sie vereinfachten die Welt. Menschen sahen eine Schlange und hatten das Vorurteil: „Die ist giftig!" Also wurde sie getötet oder ist weggelaufen, auch wenn die Schlange gar nicht giftig war. Wenn einfach alle Schlangen als giftig angesehen werden, ist die Überlebenschance am höchsten.

Heute
Wir haben heute immer noch Vorurteile. Wenn wir mit einem Spanier Ärger haben, sagen wir danach oft: „Alle Spanier sind Ar..löcher!" Das mag ja bei dem einen Spanier stimmen. Das auf alle spanischen Menschen zu übertragen ist Blödsinn. Beschäftige dich mal mit den Vorurteilen zu deiner Nationalität. Ich esse keine Weißwurst, habe keine Gartenzwerge, trage keine Lederhosen und höre auch keine Volksmusik. Trotzdem bin ich laut Pass Deutscher.

Menschen aus dem Ausland
Rund 90% der Menschen in Deutschland haben den deutschen Pass. Es leben hier ca. 11,8 Millionen Menschen ohne deutschen Pass. 1,5 Millionen aus der Türkei und 4,8 Millionen Menschen aus der Europäische Union leben mit uns.

„Schlimme" Menschen aus dem Ausland
In Deutschland leben Menschen ohne deutschen Pass öfter in **Groß-städten**, sind im Durchschnitt **jünger**, häufiger **männlich** und haben oft **weniger Geld**. Das sind Bedingungen, die eher zu Gewalt führen. Der Pass und der Geburtsort sind da **un**wichtig. Außerdem gibt es Straftaten, die nur Menschen ohne deutschen Pass begehen können (z.B. Verstoß Asylgesetz).
Wenn die Grundbedingungen gleich sind (Geschlecht, Geld, Schule, Stadtteil), begehen deutsche und nichtdeutsche Menschen **gleich viele** Straftaten. Das haben viele verschiedene Studien gezeigt.

2.4. Gewaltverstärker

Fernsehen, Youtube, Netflix usw.
Es werden 25.000 Morde pro Jahr im deutschen Fernsehen gezeigt.
Das sind 25 Stunden pro Woche.
Nur in wenigen Fällen werden Probleme gewalt<u>frei</u> gelöst (4%). In vielen Fällen passiert den gewalttätigen Menschen nichts (70%). Also sind Filme und Serien oft kein gutes Vorbild.
Es gibt Untersuchungen, dass die lange Nutzung von digitalen Medien (TV, PC, Tablet, Handy) dicker, dümmer und aggressiver machen. Du stirbst auch früher, wenn du täglich mehrere Stunden auf Bildschirme schaust.

Ballerspiele
Jeder dritte junge Mensch spielt gerne „Ballerspiele". Fast alle Amokläufer und viele Inhaftierte spielen gerne „Ballerspiele". Die meisten Menschen können aber zwischen Spiel und Wirklichkeit unterscheiden. Ich erschieße auch regelmäßig Menschen, Zombies und andere Monster auf dem Bildschirm. Meine Lieblingsspiele sind dabei Last of us, Sniper Elite, Resident Evil und Far Cry. Trotzdem habe ich (bisher) noch niemanden ermordet. Es ist wichtig, immer auch einen <u>Ausgleich</u> zu haben, zum Beispiel Sport, Familie und andere Hobbys.

Ernährung
Im heutigen Essen ist viel Chemie. Es sind dort viele Schadstoffe, die auch aggressiv machen. In einem englischen Gefängnis hat man 2003 einige Zeit nur Essen ohne Chemie gegeben und schon gab es weniger Prügeleien.
In einigen Krankenhäusern dürfen aggressive junge Männer keine Chips, keine Hamburger und keine Tiefkühl-Pizza essen. Nach kurzer Zeit sind die Jugendlichen weniger aggressiv.
Also achte auf das, was du isst.

3. Folgen der Gewalt

Gewalt hat auch **Vorteile**. Sonst würde sich ja niemand prügeln. Wenn Menschen etwas sofort „klären" möchten, geht das sehr schnell mit Gewalt. Mit Gewalt kann ich auch Sachen bekommen, die ich sonst nicht bekomme.

Der berühmte Gangster-Boss **Al Capone** sagte dazu: „Eine freundliche Bitte mit einer vorgehaltenen Waffe bewirkt mehr als eine freundliche Bitte alleine."

Außerdem kann Gewalt ein **Erlebnis**, ein Abenteuer sein und es kann Spaß machen.

Der vorbestrafte Marvin sagte mit 17 Jahren dazu: „Zur Party gehören Bier, Weiber und eine Schlägerei. Das bringt **Fun**. Es gehört irgendwie dazu."

Auch bekommst du in einigen Gruppen **Anerkennung**. Um cool zu sein, musst du dich dann mal prügeln. Du giltst nur als guter Mitstreitender (wortwörtlich), wenn du in der Schlägerei direkt auf die anderen mit einschlägst.

Gewalt wird oft mit **Ehre, Stolz** und **Männlichkeit** verbunden. *Ein echter Mann muss sich auch mal prügeln.* **Nein!!!** Niemand **muss** sich in der heutigen Zeit in Deutschland noch prügeln. Du kannst stolz sein, wenn du dich nicht prügelst. Dazu gehört oft sehr viel Mut, aber es ist leichter einfach draufzuschlagen.

Dazu bringt dir Gewalt natürlich auch eine Menge **Nachteile**. Einige der Nachteile werden auf den nächsten Seiten beschrieben.

3.1. Strafrecht

Allgemeines Strafrecht
Bei Erwachsenen gibt es Geld- oder Haftstrafen. Die Geldstrafe wird in Tagessätzen angegeben. Ein **Tagessatz** ist, wie viel du am Tag verdienst. Verdienst du 300,- € pro Monat, ist der Tagessatz 10,- €. Im polizeilichem Führungszeugnis steht alles über 90 Tagessätzen.
Wenn du einen Menschen schlägst, bekommst du eine **Geldstrafe** oder bis zu 5 Jahre Gefängnis (§ 223 StGB Körperverletzung KV).
Schlägst du mit mehreren oder benutzt eine Waffe, bekommst du **mindestens 6 Monate Gefängnis** (§ 224 StGB Gefährliche KV).
Erblindet das Opfer, verliert einen Arm oder befindet sich im Koma, bekommst du **min. 1 Jahr Gefängnis** (§226 StGB Schwere KV).
Stirbt das Opfer, bekommst du **mindestens 3 Jahre Gefängnis** (§228 StBG Körperverletzung mit Todesfolge).

Jugendstrafrecht
Für Menschen zwischen 14 und 17 Jahren (Jugendliche) gilt das Jugendstrafrecht. Zwischen 18 und 20 Jahre (Heranwachsende) wird geschaut, ob du eher jugendlich oder erwachsen ist. Gilt man eher als jugendlich, gilt auch das Jugendstrafrecht.
Im Jugendstrafrecht gibt es Sozialstunden, Kurse, Betreuung durch Sozialarbeitende, Gespräche mit dem Opfer, Geldbuße und Arreste. Jugendliche können bis zu 10 Jahre ins Jugendgefängnis kommen (Heranwachsende bist zu 15 Jahre). Bis 2 Jahre kannst du die Strafe zur Bewährung bekommen - also noch frei rumlaufen, wenn du viele Regeln einhältst und regelmäßig zur Bewährungshilfe gehst.
Ich arbeite oft mit dem Jugendgericht in Essen zusammen. Bei der ersten Körperverletzung bekommen die Schlagenden meist mehrere Wochen Arrest. Und sie müssen an einem Anti-Gewalt-Training teilnehmen. Wenn sie nicht hingehen, bekommen sie noch einmal 4 Wochen Arrest. Wenn die Tat schlimm ist, kann es auch beim ersten Mal mehrere Jahre Jugendgefängnis geben.

3.2. Kosten

Die **Kosten** für die Schlagenden können nach einer Schlägerei hoch sein.

Das Gericht kann eine **Geldbuße** aufgeben (bis zu 720 Tagessätze – also alles Geld, was du in zwei Jahren verdienst).

Dazu kommen noch die **Gerichtskosten** (bis 700,- €).

Die **Anwaltskosten** und die Kosten der Gegenseite sind oft selbst zu zahlen (so ab 500,- bis mehrere 10.000,- €).

Das Opfer kann **Schmerzensgeld** einklagen (Zahnverlust 19.000,- / Oberkieferbruch 20.000,- / Schlüsselbeinbruch 90.000,- / Oberschenkelbrüche 130.000,- / Schädelhirntrauma bis 500.000,- €).

Die Krankenkasse kann auch ihr Geld zurückverlangen. Die Schlagenden müssen dann die **Arzt- und Krankenhauskosten** komplett selbst bezahlen (oft 20.000,- bis zu mehreren 100.000,- €).

Kann das Opfer nach der Schlägerei nicht mehr arbeiten, kann der Täter für den **monatlichen Verlust** aufkommen (ab 100 € im Monat).

Selbst wenn du nicht ins Gefängnis kommst, musst du **viel Zeit** für die Sache opfern:
- Befragungen bei der Polizei
- Termine in der Anwaltskanzlei
- Gespräche Jugendgerichtshilfe
- Gerichtsverhandlungen
- Sozialstunden
- Anti-Gewalt-Training
- Gespräche Bewährungshilfe

3.3. Gesundheit

Dass du dich beim Prügeln verletzten kannst, weiß wohl jedes Kind. Aber was kann da so genau passieren?

Eine häufige Verletzung ist der **Jochbeinbruch**. Neben der Nase unter dem Auge befindet sich das Jochbein. Ist es gebrochen, muss mit einer schwierigen Operation das Jochbein gerichtet werden. Dies ist sehr schmerzhaft. Im Extremfall führt das zur Erblindung.

Viele schwere Verletzungen kommen durch den **Aufschlag**. Fällt das Opfer zu Boden, fällt es oft auf den Kopf. Dies kann zu Schäden im Gehirn führen, die nie wieder weggehen.

Das Opfer kann eine **Behinderung** bekommen. Es ist dann blind, kann nicht mehr gehen oder Teile des Körpers nie mehr bewegen.

Ist das Gehirn geschädigt, kann das Opfer auch ins **Koma** fallen. Es wird dann an Schläuchen im Krankenhaus befestigt, ohne die es sterben würde.

Kopftritte und Messerstiche können schnell zum **Tod** führen.

Aber auch wenn du den Kampf gewinnst, kannst du schwere Verletzungen davontragen. Einige bemerkst du erst viel später.

Ein Täter hatte mal einen **Knochen der Hand** angebrochen. Dieser hatte sich dann entzündet. Er konnte mit der Hand nie mehr richtig greifen. Er war gelernter Dachdecker und musste entlassen werden.

Ein Täter verprügelte jemanden auf einer Party. Es war eine blutige Prügelei und der andere hatte **Aids**. Durch die Schlägerei wurde Blut übertragen und der Täter hätte sich mit HIV anstecken können.

DER JUNGE MENSCH HAT VIEL KRAFT UND ENERGIE.

DER JUNGE MENSCH DENKT SELTEN ÜBER DIE FOLGEN NACH.

3.4. Schule und Beruf

Schulisch und beruflich gibt es nach Schlägereien auch viele Nachteile. Oft fliegst du von der **Schule** und musst dann in eine neue Schule. Die ist dann weit entfernt und du kennst dort niemanden.

Es kann auch sein, dass die **Gymnasien** oder **Realschulen** dich nicht mehr aufnehmen, auch wenn du gute Noten hattest. Wenn du Glück hast, kommst du auf eine Gesamt- oder Hauptschule - Wenn du dich dort schlecht benimmst, kommst du auf eine Förderschule. Ein guter **Schulabschluss** ist dann viel schwieriger zu erreichen.

Das Gericht kann auch ein **Berufsverbot** erteilen. Du hast zum Beispiel Altenpflege gelernt und die Prüfung nach 3 Jahren Ausbildung bestanden. Und das Gericht bestimmt, dass du nicht mehr in der Altenpflege arbeiten darfst, weil du eine Gefahr für alte Leute sein kannst.

Die Vorstrafen kommen in dein **polizeiliches Führungszeugnis**. Dieses verlangen fast alle Firmen. In bestimmten Bereichen brauchst du ein erweitertes Führungszeugnis. Da stehen einige Sachen noch viele Jahre später drin.

Wenn du bei der **Polizei**, bei der **Bundeswehr** oder bei **Gericht** arbeitet möchtest, darfst du gar keine Vorstrafen haben.

Bei den meisten Ausbildungsberufen oder Nebenjobs wirst du oft nicht mal zum **Vorstellungsgespräch** geladen, wenn du vorbestraft bist.

Einige Gerichte nehmen dir sogar den **Führerschein** weg, wenn du zu aggressiv bist.

Mehr Sicherheit am Arbeitsplatz
z.B. in der Schule

3.5. Guter Ruf

Einige gewalttätige Menschen denken, die anderen haben nun „Respekt". Ist es so? **Nein!** Sie haben keine Lust, verprügelt zu werden, weichen lieber aus oder schleimen sich ein. Welcher vernünftige Mensch lässt sich schon gerne mit schlagenden Hohlbirnen ein. Das bringt doch nur Ärger.
Möchtest du diese Art von „Respekt"???

Dieser „gute Ruf" kommt auch in die **Schule** oder in den **Betrieb**. Lehrende und Leitungen mögen keine Schlagenden. Dies wirkt sich dann schlecht auf die Noten oder den nächsten Zeitvertrag aus.
Möchtest du deine Zukunft aufs Spiel setzen???

Auch die Eltern und die Familie erfahren davon. Die sind aber eher enttäuscht und traurig. Die Nachbarschaft redet davon. Die tuscheln darüber, ob die schlechte Erziehung deiner Eltern daran Schuld ist.
Möchtest du deine Eltern und deine Familie enttäuschen???

Am schlimmsten ist es, wenn du ins Gefängnis kommst. Die Eltern schämen sich und deine Buddys müssen auf dich verzichten. Wenn du deinen Herzensmensch gefunden hast, ist die Frage:
Wartet deine Beziehung einige Jahre auf dich??? Wirklich???

Wenn du einmal wegen Körperverletzung verurteilt wurdest, giltst du schnell als gefährlich. Wenn du dann nochmal bei der Polizei oder vor Gericht stehst, ist die Frage:
Wer glaubt dir noch, selbst wenn du nicht angefangen hast???

Es kann sein, dass du jetzt mit den Schlägereien gut klar kommst. Es muss nicht immer so sein. Jeder hat ein schlechtes Gewissen und mal Alpträume. Und hier ist die Frage:
Holen dich deine Taten mal ein???

4. Sonstiges zur Gewalt

Nach einer Straftat ermittelt zunächst die **Polizei**. Sie führt zum Beispiel Befragungen mit den Verdächtigen durch.

Die Unterlagen werden an die **Staatsanwaltschaft** weitergegeben. Die schaut, ob Anklage erhoben wird und ob es zu einem Gerichtsverfahren kommen soll.

Bei jungen Menschen (14 - 20 Jahre) geht es weiter zur **Jugendgerichtshilfe**.

Zwischen 14 - 17 Jahre: Es wird zuerst geprüft, ob der Mensch weiß, dass es eine Straftat war. Jede junge Mensch weiß, dass niemand geschlagen werden darf. Deswegen kann fast jeder dafür verurteilt werden. Dann wird genau geschaut, welche Maßnahme oder Strafe dazu führt, dass dieser Mensch nicht mehr schlägt.

18 - 20 Jahre: Die heranwachsende Person kann wie ein Erwachsener oder wie ein Jugendlicher verurteilt werden. Die meisten 20-Jährigen sind aber eher jugendlich. Sie leben oft bei ihren Eltern, haben kein großes Einkommen und versorgen keine Familie. Dann gilt auch das Jugendstrafrecht.

Dann kommt es zur **Gerichtsverhandlung**. Es gibt für kleine Verfahren kleine Gerichte (eine Person) und für große Verfahren große Gerichte (fünf Personen). Bei der Verhandlung wirst du dann freigesprochen, das Verfahren wird eingestellt oder du wirst verurteilt.

Wenn du meinst, du bist zu Unrecht verurteilt worden, kannst du in **Berufung** gehen. Dann wird die Gerichtsverhandlung noch einmal bei einem höheren Gericht durchgeführt.

4.1. Waffen

Verletzt du jemanden mit einer **Waffe** ist dies eine **gefährliche Körperverletzung.** Die Strafe ist direkt höher. Egal, ob die andere Person sich stark oder gar nicht verletzt hat.

Benutzt du einen Schraubenzieher, ein Tischbein oder einen Aschenbecher, wird dies als „**gefährliches Werkzeug**" bezeichnet. Es ist dann trotzdem eine gefährliche Körperverletzung und die Strafe ist höher. Auch wenn es einige Jugend-Gangs wohl nicht wissen: Ein Baseball-Schläger ist ein Sportgerät. Und dieses sollte auch nur für den Sport genutzt werden. Wenn du mit diesem gefährlichen Werkzeug zuschlägst, ist die Strafe viel höher.

Einige Waffen sind **verboten** und du darfst sie gar nicht haben: Butterfly-Messer, Totschläger, Nunchakos und Wurfsterne. Wenn du eine dieser Waffen zuhause hast, ist es schon eine Straftat.
Einige Waffen sind ab 18 Jahre erlaubt. Eine Gaspistole darfst du ab 18 Jahren zuhause haben. Mitnehmen darfst du sie nur mit einem „kleinen Waffenschein".
Für einige Waffen brauchst du eine Waffenbesitzkarte, um sie überhaupt kaufen zu dürfen. Die Karte kannst du bekommen, wenn du im Schießverein bist oder regelmäßig zur Jagd gehst.

Klaust du etwas und hast ein **Messer in der Tasche,** ist es direkt ein „Diebstahl mit Waffen" nach § 244 Strafgesetzbuch. Auch hier ist die Strafe sehr viel höher.

Trägst du eine **Waffe** bei dir, geht das Gericht oft davon aus, dass du Ärger wolltest. Auch dann ist die Strafe meist höher. Einige junge Menschen nehmen ein Messer zum Schutz mit. Gibt es Streit, holen sie es heraus. Viele hoffen, dass der andere nun abhaut. Leider ist das oft der Anfang von tödlichen Verletzungen.

4.2. Alkohol und Drogen

Viele Drogen steigern die Aggressionen und den Hang zur Gewalttätigkeit. 40 von 100 Gewalttaten entstehen durch die Droge „**Alkohol**". „Mit viel Alk verliert man die Hemmschwelle, dann ist mir alles egal...", sagte der 17-jährige Justin im Jugendgefängnis Wuppertal. Viele Jugendliche bestätigen, dass sie zu viel trinken und mit Alkohol aggressiver sind. Besonders nach härteren Alkoholgetränken, z.B. Korn, Whisky oder Wodka, werden sie gewalttätiger. Alkohol richtet viel Schaden an – Verkehrs- und Arbeitsunfälle, Schlägereien, behinderte Neugeborene, Gesundheitsschäden bis zum Tod.

Auch **andere Drogen** können aggressiver machen. Speed, Kokain oder Ecstasy machen viele Menschen gewalttätiger. Wenige Menschen werden auch bei Heroin oder Cannabis aggressiver. Bei den Drogen kommt hinzu, dass sie verboten sind. Da reicht schon der Kauf aus und es ist eine Straftat. Auch gibt es Drogentests bei einigen Einstellungsverfahren.
<u>**Wichtig**</u>: Es gibt <u>**keine**</u> erlaubte Menge! Einige meinen bis 3 oder 10 Gramm Cannabis seien erlaubt (Eigenkonsum). **Das stimmt nicht!!!**
Je nach Bundesland <u>**kann**</u> hier die Staatsanwaltschaft keine Anklage erheben. Bei Jugendlichen wird aber <u>**immer**</u> Anklage erhoben und es kommt zum Verfahren. Dies wird an das Straßenverkehrsamt weitergegeben und hat meist auch Auswirkungen auf den Führerschein.

Das ist dein Gehirn! Das ist dein Gehirn nach Drogen!

Nutze keine Drogen!

Das ist dein Hintern! Das ist dein Hintern im Gefängnis!

Verkaufe keine Drogen!

40

4.3. Freundeskreis

„Zeige mir deine Freunde, und ich sage dir, wer du bist."
Griechisches Sprichwort

Wer sind die Menschen, mit denen wir uns befreunden? Wir Menschen sind „Rudeltiere". Wir fühlen uns in Gruppen wohl. Um glücklich zu leben, brauchen wir Menschen, denen wir vertrauen.

Doch wir **passen** uns auch unserer Gruppe **an**. Dann haben wir oft ähnliche Frisuren oder Kleidung. Besonders junge Menschen möchten zeigen zu welcher Gruppe sie gehören. Man kann deshalb Punks direkt von Skins oder Emos unterscheiden. Und jede Gruppe steht für eine bestimmte Lebenseinstellung.

Aber auch das **Verhalten** wird angepasst. Zum Punk gehört das extreme Feiern. Deshalb gibt es kaum Punks, die nicht Alkohol trinken oder andere Drogen nehmen.

Gewalttätige Gruppen bestehen aus gewalttätige Menschen. Einige Jugend-Gangs in Deutschland sind kriminell und gewaltbereit. Viele Gangs bestätigen, dass es zur Gewalttat gekommen ist, weil die Gruppe dabei war. Sie berichten von dem „Wir-Gefühl", welches sie durch die Gruppe und das Hören ihrer aggressiven Musik haben.
Bist du Mitglied einer gewalttätigen Gruppe? Und möchtest keine Straftaten mehr begehen? Dann solltest du dich von dieser Gruppe entfernen!!! Eine andere Möglichkeit gibt es auf Dauer nicht.

Menschen, die dein Bestes wollen, halten dich aus Schlägereien und anderen Straftaten raus. Das sind die Personen, mit denen du befreundet sein solltest. Diese rufen dich nicht an, damit du andere mit bedrohst oder „etwas mit anderen klärst". Sie möchten eben dein Bestes und nicht dich im Gefängnis sehen.

4.4. Notwehr

Notwehr ist eine beliebte Ausrede bei der Gerichtsverhandlung. Doch die Angeklagten kommen fast nie damit durch.

Natürlich darfst du dich wehren, wenn du angegriffen wirst. Egal ob privat oder beruflich gilt das Notwehrrecht nach § 32 StGB. Zur Notwehr müssen aber einige Punkte erfüllt sein.

Rechtswidriger Angriff
Der Angriff muss verboten sein. Du darfst dich also nicht wehren, wenn die Polizei dich festnimmt. Es ist zwar ein Angriff, aber dieser ist erlaubt.

Verhältnismäßig
Du darfst nicht übertreiben. Wenn ein ausgewachsener Mann dich schlagen möchte, darfst du auch zuschlagen, um dich zu wehren. Bei einem dreijährigen Jungen darfst du nicht richtig zuschlagen. Auch nicht, wenn er dich angreift.

Gegenwärtiger Angriff
Der Angriff muss im Moment passieren. Du darfst dich nicht wehren, weil jemand dich gestern geschlagen hat (Rache) oder dich morgen schlagen möchte (Hellseherei).

Wichtig: Es gibt **keine 3-Sekunden-Regel!!!** Wenn dich jemand schlägt, darfst du dich wehren. Schlägt dich jemand und rennt dann weg, darfst du nicht mehr schlagen. Das wäre dann Rache und keine Notwehr mehr. Du darfst auch nicht am Boden noch mehrmals nachtreten. Wenn die angreifende Person hinfällt, ist erst einmal der Angriff vorbei.

Sobald der Angriff vorbei ist, darfst du dich nicht mehr wehren.

5. Verhinderung von Gewalt

Es gibt keinen sicheren Schutz gegen Gewalt. Je früher du Gewalt erkennst, desto mehr Möglichkeiten hast du. Ziel sollte es sein, keinen Ärger zu bekommen. Hier einmal die **3 Vor-Stufen**, welche oft vor einer Prügelei so durchlaufen werden.

1. Die Blick-Stufe

Zuerst wirst du mit Blicken fixiert. Schaust du nach unten weg, denkt die andere Person, dass du ein Opfer bist. Schaust du zu lange zurück, sieht es so aus, als möchtest du Ärger.

<u>Idee:</u> Hier solltest du minimal den Blick erwidern und dann ruhig zur Seite schauen.

2. Sprech-Stufe

Jetzt kommen die dummen Sprüche: „Was guckst du!?" oder „Willst du Ärger!?" Das schaukelt sich meist hoch. Reagierst du nicht, bist du das Opfer. Bringst du Gegensprüche, gibt es auch Ärger.

<u>Idee:</u> Hier ist es sinnvoll ruhig und gelassen zu reagieren, ohne die andere Person zu beleidigen.

3. Körperkontakt-Stufe

Danach kommen die ersten körperlichen Berührungen: Ohrfeigen oder Schubsen. Lässt du dich die ganze Zeit schubsen, wirst du zum Opfer. Schubst du zurück, gibt es Ärger.

<u>Idee:</u> Hier solltest du aus dem Raum rausgehen. Du solltest nicht angstvoll fliehen, sondern ruhig und gelassen zur Tür gehen. Wichtig ist es, die anderen Person nicht zu ärgern oder zu provozieren.

Anmachen in drei Stufen

Juchu, die andere Person liegt unten!

5.1. Beachte bitte

Achte auf dein **Auftreten**. Freundlich und ruhig zu bleiben ist immer das Wichtigste. Unter Stress werden wir schnell unfreundlich. Deshalb ist es hier wichtig, cool zu bleiben (siehe Kapitel 5.2 auf S. 50).

Achte auf die richtige **Distanz** zu anderen Menschen. Es gibt dir Sicherheit. Und andere Menschen fühlen sich nicht bedrängt.

Achte auf deine **Körpersprache**. Wenn die Muskulatur verspannt ist, bist du angespannt. Du stehst unter Stress. Hier ist es wichtig, locker zu bleiben (siehe Kapitel 5.3 auf Seite 52).

Achte auf deine **Kleidung**. Du sollst dich nicht verbiegen. Dir sollte aber schon klar sein, wie du auf andere wirkst. Als Punk wirst du bei einem Nazi-Treffen komisch angesehen. Mit schwarz-gelben Schal bekommst du wohl Ärger in der Schalker Nord-Kurve.

Achte auf deinen **Tascheninhalt**. Hast du irgendwelche Messer oder andere Waffen dabei? Brauchst du so etwas wirklich in der Schule oder auf Partys? Willst du wirklich jemanden töten? Lass so ein Zeug lieber zuhause. Oder packe es direkt in den Müll.

Achte darauf, mit wem du dich **befreundest**. Menschen, die dir was Gutes wollen, ziehen dich nicht mit in ihren Ärger hinein. Wenn ein Person immer Ärger auf Partys macht, dann gehe nicht mehr mit dieser auf Partys (siehe K. 4.3 auf S. 42). Du kannst dich ja privat mit dieser Person treffen – gehe nur nicht mit dieser auf Partys.

Achte auf dein **Trink- und Drogenverhalten**. Einige werden bei Alkohol oder anderen Drogen aggressiver. Viele werden bei Schnaps oder Wodka gewalttätiger. Wenn es bei dir so ist, dann trink das Zeug nicht (siehe Kapitel 4.2 auf Seite 40).

5.2. Cool bleiben

In schwierigen Situationen ist es wichtig cool zu bleiben. Dies nennt man **Stressbewältigung**. Es ist wichtig, das Gehirn wieder richtig zu durchbluten. Erst dann hast du mehr Ideen und Möglichkeiten (siehe Kapitel 2.1 auf Seite 16). Dazu gibt es viele verschiedene Möglichkeiten. Langfristige Methoden siehst du links auf dem Bild.

Ausatmen
Atme tief aus. Bis keine Luft mehr in der Lunge ist. Und presse dann noch dreimal Luft heraus. Atme locker wieder ein. Wiederhole dies dreimal.

Abreagieren
Wenn möglich, laufe eine Treppe hoch und runter. Fahre Fahrrad, schlag gegen Boxsäcke oder mache Liegestütze.

Bis 10 zählen
Zähle langsam bis 10. Atme dabei ruhig. Entspanne deine Muskeln.

Faust in der Tasche
Spanne deine Faust an. Halte dies 5 Sekunden lang. Und lasse sie wieder locker. Wiederhole dies dreimal.

Positiver Satz
Im Film „Bad Boys II" lernen die beiden Cops zur Beruhigung das Wort „WUUSAAAA".
Im Film „Die Wutprobe" lernen die aggressiven Menschen „GUS FRABA" zu sagen, um ruhiger zu werden.
Du kannst dir auch ein Wort oder einen Satz sagen, der dich beruhigt: „Alles ist gut!" oder „Es geht gut aus!"

STRESSBEWÄLTIGUNG

SCHLAF

ESSEN

FREUNDE

BEWEGUNG

CHILLEN

©2B
2022
www.baer-sch.de

5.3. Körpersprache

Die **Körpersprache** ist der wichtigste Teil der Kommunikation. Sie macht 58 bis 95% aus. Lass mal den Kopf hängen und sage dabei: „Mir geht es gut!" Das glaubt dir kein Mensch. Es passt nicht zusammen. Und deiner Körpersprache (hängender Kopf) wird mehr geglaubt als deinen Worten.

D i e „**ängstliche Haltung**" ist gebückt, die Beine stehen eng zusammen und die Arme befinden sich vor dem Körper. Die „Ängstliche" Person schützt ihre empfindlichen Körperteile (Nasenbein, Kehlkopf, Brust, Magen und Tiefbereich). Es wirkt so, als würde sie sich wie ein Igel zusammenrollen. Sie macht sich klein.

D e r „**aggressive Mensch**" möchte das Gefühl der Überlegenheit spüren und Macht ausüben. Das hat sich in den Jahrhunderten nicht geändert und ist auch weiterhin auf Schulhöfen, in Diskotheken, in Western oder im Affenkäfig zu beobachten. Dieser stellt sich breitbeinig hin, streckt die Brust vor und wirkt so „breit" und „groß".

Die **neutrale Körperhaltung** wirkt weder aggressiv, arrogant oder ängstlich. So solltest du am besten entspannt stehen:
Der **Stand** ist hüftbreit.
Die **Knie** sind nicht durchgedrückt, sondern leicht angewinkelt.
Die **Hüfte** befindet sich in der Mittelposition.
D i e **Wirbelsäule** ist gerade. Die Brust ist weder nach vorne aufgerichtet wie beim Gorilla, noch nach innen zur Hühnerbrust gepresst.
Die **Arme** hängen locker neben dem Körper. Der Mittelfinger ist an der Hosennaht. Oder die Arme bewegen sich oberhalb der Gürtelschnalle.
Der **Kopf** ist gerade und aufrecht. Die Nase nach unten wirkt eher ängstlich und die Nase nach oben wirkt hoch-*näsig*.

5.4. Beleidigungen

Hier einige Ideen, wie du auf Beleidigungen reagieren kannst.

„Du Brillenschlange!"
- Brille ja, Schlange nein.
- Wenn Du meinst.

„Du bist fett!"
- Stimmt.
- Danke für den Hinweis.

„Hurensohn / Hurentochter"
- Du musst mich verwechseln. Meine Mutter ist Verkäuferin.
- Meine Mutter hat halt nichts anderes gelernt.

„Ich fick deine Mutter!"
- Das würdest du nicht sagen, wenn du sie kennen würdest.
- Ich schreib dich auf eine Liste.

„Fick Deine Mutter!"
- Ich denke, sie hat bereits ein erfülltes Sexleben.
- Nein, danke. Das möchte ich nicht.

Vorsicht, es kann dabei trotzdem zu Gewalt kommen. Wenn du meinst, du bist besser als die andere Person, zeigst du das auch mit deiner Körpersprache.

**Deine Meinung zeigt sich in der Körpersprache
(Innere Haltung = Äußere Haltung)**

Die "richtigen" Worte

"Blödel! Idiot! Arschloch! Deine Mudda ist fett! Schwulchtel! Spasti! Schweinficker! Hurensohn!"

"Schalke hat heute aber schlecht gespielt!"

©B
2017
www.baer-sch.de

5.5. Hurenkind

Der 19-jährige Wissam sagte in einem Anti-Gewalt-Training: „Der hätte <u>mich</u> ruhig weiter beleidigen können. Aber wenn er meine Familie beleidigt, muss ich unsere **Ehre** verteidigen!"

Ein wichtiger Grund für Schlägereien ist die Verteidigung der „Ehre". Die beliebtesten Beleidigungen sind da „**Hurensohn**" oder „**Hurentochter**". Doch soll wirklich damit deine Mutter beleidigt werden? Ist deine Mutter eine Prostituierte? <u>Nein!!!</u> Du sollst nur niedergemacht werden und es ist eine klare **Provokation**!

Wenn jemand deine Familie beleidigt, dann verprügelst du ihn. Verteidigst du damit die Ehre deiner Familie?   **NEIN !!!**
Deine Familie ist <u>nicht</u> stolz, wenn sie Post von der Polizei und vom Amtsgericht bekommt. Deine Familie spürt <u>keine</u> Ehre, wenn sie dich im Gefängnis besuchen darf. Es ist ihnen peinlich, wenn die Nachbarschaft tuschelt. Sie schämen sich, wenn sie jemand nach dir fragt. Sie fragen sich: „Ist es unsere Schuld? Was haben wir falsch gemacht?" Du verteidigst hier <u>nicht</u> die Familienehre. **Du trittst die Familienehre mit Füßen und beschmutzt sie.**

In einem Gespräch sagte eine **Mutter** zu mir, wie sehr sie sich schämen würde. Sie kam vor fast 40 Jahren nach Deutschland. Sie lebte hier immer in Essen im Stadtteil Katernberg. Sie fühlte sich hier wohl und baute sich ein **Zuhause** auf. Sie hatte hier Freundinnen und kannte den Stadtteil gut. Doch ihr jüngster Sohn wurde straffällig und musste ins Gefängnis. Sie hatte das Gefühl, jeder würde sie nun anstarren. Sie fühlt sich unwohl in ihrem Stadtteil. Sie schämt sich für ihren Sohn und geht nicht mehr vor die Tür. Sie sagte mir, dass die Familie jetzt auch umziehen wird. Irgendwohin, wo keiner sie und ihren Sohn kennen. Aber auch dorthin, wo sie keinen kennt. **Dort fängt sie nach 40 Jahren wieder von vorne an.**

6. Eingreifen bei Gewalt

Wenn du in einer Notsituation gar nichts tust, ist es auch eine Straftat. Für **„Unterlassene Hilfeleistung"** kannst du bis zu 1 Jahr ins Gefängnis müssen (§ 232c StGB).

Wenn du mutig eingreifst, nennt man das **„Zivilcourage"**. Das heißt übersetzt „bürgerlicher Mut".

Es geht nicht darum, wie Superman in jede Prügelei oder in jeden Überfall zu fliegen.
Superman ist unverwundbar, du nicht!!!

Du sollst nicht wie Supermario wilden Gorillas hinterher rennen und dich in Gefahr bringen, um eine Prinzessin zu befreien.
Supermario hat mehrere Leben, du nur eins!!!

Du sollst auch nicht wie Lara Croft eine schwere Aufgabe übernehmen und dein Leben riskieren, um die Welt zu retten.
Lara Croft ist eine Fantasiefigur, du bist echt!!!

Es ist wichtig, dass du dich nicht unnötig in Gefahr bringst. Niemand verlangt von dir, dass du dein Leben riskierst. Deine **eigene Sicherheit** geht vor.

Trotzdem kannst du immer etwas tun. Überlege aber vorher, was du tust. Und welche Risiken du eingehen möchtest. Was du immer tun kannst, ist wenigstens die Polizei zu rufen. Auch „Erste Hilfe" bei Verletzten ist sehr wichtig.

Du kannst immer etwas tun!

Mit dummen Menschen zu diskutieren, ist wie mit einer Taube Schach zu spielen!

Egal wie gut du Schach spielst, die Taube wird alle Figuren umwerfen, auf das Brett kacken und herumstolzieren, als hätte sie gewonnen.

6.1. Tipps

Es wird eine andere Person bedroht. Wenn du es mitbekommst, hast du mehrere Möglichkeiten.

Ruhig bleiben
Auch hier ist es wichtig, ruhig zu bleiben. Erst einmal tief durchatmen und die Situation anschauen. Dann kommen dir vielleicht einige Ideen.

Unterstützung
Hole dir Unterstützung! Sprich Personen direkt an. Sage: „Sie mit der roten Jacke – rufen Sie die Polizei!" oder „Du mit der schwarzen Kappe – hilf mir bitte!"

Betroffene Person ansprechen
Sprich nicht die aggressive Person an. Sprich den betroffenen Menschen an. Stell dich zu diesem Menschen oder hole diesen aus der Situation. Sage: „Hi Ahmet, ich setze mich mal zu dir." oder „Hallo Frau Kowalski, darf ich sie ein Stück begleiten."

Aufmerksamkeit
Schaffe Aufmerksamkeit durch Schreien oder andere laute Geräusche. Kaufe dir dafür eine Trillerpfeife oder einen Schrillalarm.

Freundlichkeit
Bei Kontakt zur aggressiven Person sei freundlich und bestimmt. Sprich diese Person mit „Sie" an. Vermeide Körperkontakt und lasse Fluchtwege offen.

Sie möchten also beide jeweils die gesamten Drogen-, Waffen- und Rotlichtgeschäfte hier kontrollieren. Na, da werden sie wohl von ihren grundsätzlichen **Standpunkten** abweichen und ihre **Bedürfnisse** hinterfragen müssen!

6.2. Rufe in der Not

Bei Gefahr kannst du immer die Polizei rufen.

Notruf: 1 – 1 – 0

In den **Telefonzellen** brauchst du **kein Geld** für den Notruf. Du kannst auf dem **Handy ohne Guthaben** und **ohne Pin-Code** den Notruf wählen.

Für den Notruf solltest du dir die **5-W-Regel** merken:
- **W**o ist es passiert
- **W**as ist passiert
- **W**ie viele Verletzte
- **W**elche Verletzungen
- **W**arten auf Rückfragen

In Notsituationen schreie am besten „**Feuer**"! Da sind die Menschen aufmerksamer und schauen auch hin. Dann sprich die Personen direkt an. Sage: „Sie mit der roten Jacke – rufen Sie die Polizei!" oder „Du mit der schwarzen Kappe – hilf mir bitte!" (Ich schrieb es bereits auf S. 60 und wiederhole es hier, weil ich es für wichtig halte.)

In Bussen und Bahnen sage der fahrenden Person Bescheid. Ziehe im Notfall die **Notbremse**. Dabei gibt es keine Vollbremsung. Das Fahrzeug hält meist erst bei der nächsten Bus- oder Bahnstation.

Wichtig: Im Notfall die Polizei, Feuerwehr zu rufen oder die Notbremse zu ziehen ist keine Straftat. Du musst auch nicht für den Einsatz bezahlen. Selbst wenn es dann doch kein Notfall ist, bleibt es für dich kostenlos. Jedoch aus Spaß anzurufen oder die Notbremse zu ziehen ist teuer.

63

6.3. Verantwortung

Schaue <u>nicht</u> weg. Übernehme **Verantwortung**. Tue, was du kannst.

Es ist wichtiger, Verletzte zu versorgen als die Schuldigen zu verfolgen. Du bist keine Hauptfigur aus irgendwelchen DC- oder Marvel-Comics.
Leiste lieber „Erste Hilfe".

Einen **Schock** ist am Anfang schwer zu erkennen. Ein Schock kann aber zum Tod führen. Deshalb Verletzte gut im Auge behalten, den Notarzt rufen und bis dieser eintrifft, da bleiben.

Die Erstversorgung von Wunden und die stabile Seitenlage sollte jeder Mensch können. Mache deshalb regelmäßig Erste-Hilfe-Kurse. Alle zwei Jahre ist so eine Auffrischung sinnvoll.

Warte bis die **Polizei** da ist. Nenne deinen Namen und sage, dass du die Tat bezeugen kannst. Eine Gerichtsverhandlung kann erst Monate oder Jahre später stattfinden. Schreibe deshalb deine Zeugenaussage auf. Es ist doch ärgerlich, wenn die Schuldigen freigesprochen werden, nur weil du dich nicht mehr erinnern kannst. Die Aussage kannst du dann nochmal vor der Verhandlung durchlesen. Du darfst dort auch sagen, dass du dich an einige Sachen nicht mehr so erinnerst, aber es aufgeschrieben hast.

Zum Thema Zivilcourage gibt es Trainings zum Beispiel von der VHS oder der Stiftung **muTiger**.
Melde dich dort einfach zum Training an:
www.mutiger.de

Stabile Seitenlage

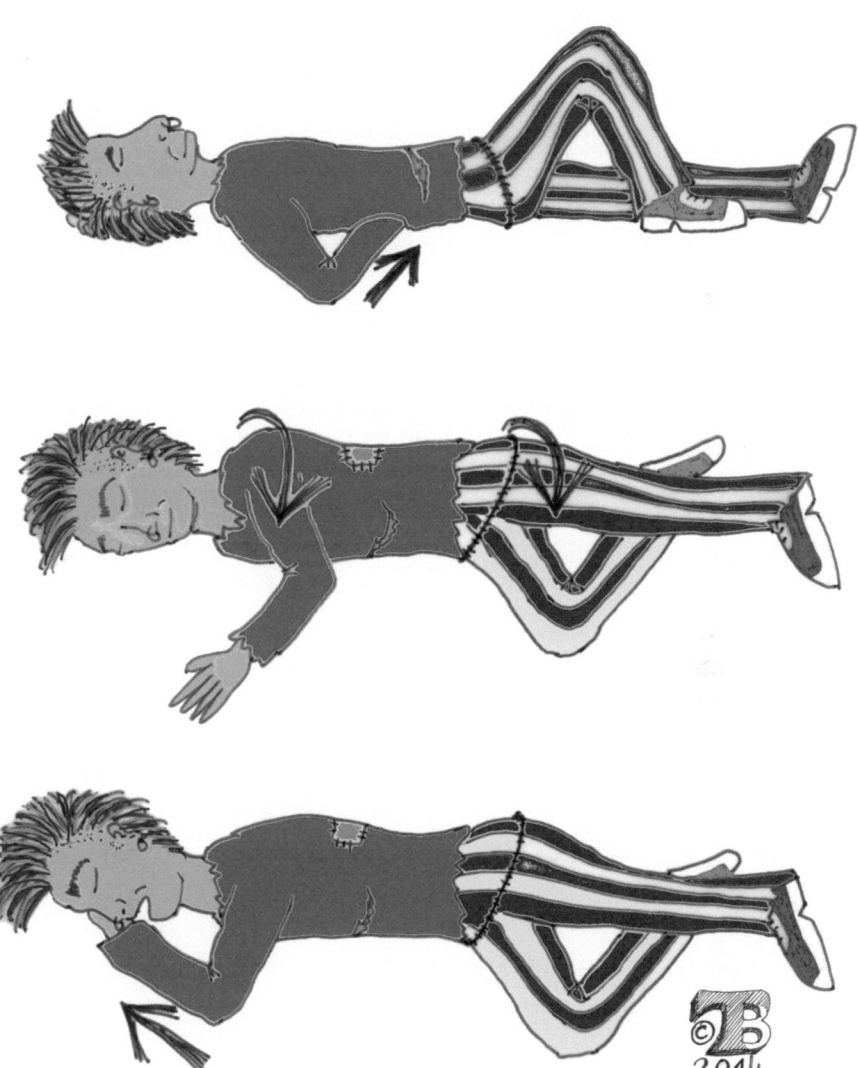

Nach (her) denken

Das wichtigste ist die **Einstellung**, mit der du durch die Welt gehst. Schaust du nur nach feindlichen Menschen, werden dir auch viele „böse" Menschen im Leben begegnen. Und viele „böse" Menschen verursachen viel Stress. Das ist anstrengend. Schaue lieber auf das Gute in den Menschen und lächle viel.

Für ein ernstes Gesicht sind über 40 Muskeln erforderlich - zum Lächeln nur 17. Lächeln ist also weniger anstrengend. Stress-Menschen sterben deshalb auch eher an Herzinfarkten.

Wenn du also zu**frieden** bist und öfter lächelst,
* verbrauchst du weniger Muskelkraft
* siehst du mehr freundliche Menschen
* hast du viel weniger Stress
* lebst du länger

Um zu**frieden** im Leben zu sein, sind auf jeden Fall 5 Sachen wichtig:
* Ausgewogene Ernährung
* Regelmäßige Bewegung
* Zeiten der Entspannung
* Ausreichend Schlaf
* Richtige Freunde

Geld und Erfolg sind nicht entscheidend, um zu**frieden** zu sein. Reiche Menschen sind nicht zu**frieden**er als arme Menschen in Deutschland. Für die Zu**frieden**heit sind andere Sachen viel wichtiger. Dies ist die Lehre, die einige Propheten, Jesus und Jedi-Meister ihren Schülern vermitteln:

Liebe und Vergebung haben mehr „Macht" als Hass und Neid!

Literaturempfehlungen

Bärsch, Tim / Rohde, Marian: **Kommunikative Deeskalation**; Norderstedt 2008

Bärsch, Tim: **Verhindern Sie Gewalt**; Norderstedt 2009

Birkenbihl, Vera F.: **Warum wir andere in die Pfanne hauen ...**; Paderborn 2005

Gigerenzer, Gerd: **Bauchentscheidungen**; München 2008

Havener, Thorsten: **Ich weiß, was du denkst**; Hamburg 2009

Küstenmacher, Werner Tiki / Seiwert, Lothar J.: **simplify your life**; München 2004

Posselt, R.-Erik: **Gewalt löst keine Probleme**; Schwerte 2000

Rosenberg, Marshall B.: **Gewaltfreie Kommunikation**; Paderborn 2004

Schulz von Thun, F.: **Miteinander Reden 1**; Hamburg 2006

Watzlawick, Paul: **Anleitung zum Unglücklichsein**; München 2008

Gute und günstige Bücher gibt es von der:
Edition Zebra der Gewalt Akademie Villigst
Tel.: 02304 – 755190   Fax: 02304 – 755295
Internet: **www.gewaltakademie.de**

Fragen zur Kontrolle

1. Was ist eine gefährliche Körperverletzung?

2. Nenne eine Methode, um bei Stress ruhig zu bleiben.

3. Beschreibe die „neutrale" Körperhaltung.

4. Wie viele Menschen sterben im Jahr durch Gewaltverbrechen?

5. Wenn du jemanden schlägst, weil die Person „Hurenkind" gesagt hat, verteidigst du damit die Familienehre? Warum (nicht)?

6. Wie sprichst du am besten Menschen an, damit sie dir helfen?

7. Wie kannst du gut auf die Beleidigung „Hurenkind" reagieren?

8. Wie viel kann ein Schlüsselbeinbruch an Schmerzensgeld kosten?

9. Wie machst du andere auf eine Notsituation aufmerksam?

10. Was ist bei Notwehr wichtig?

Bei Anregungen und Fragen:
kontakt@baer-sch.de
www.baer-sch.de